AF403587

LE CHRIST

CHAMBORD

ET

GAMBETTA

par

Alfred Sirven

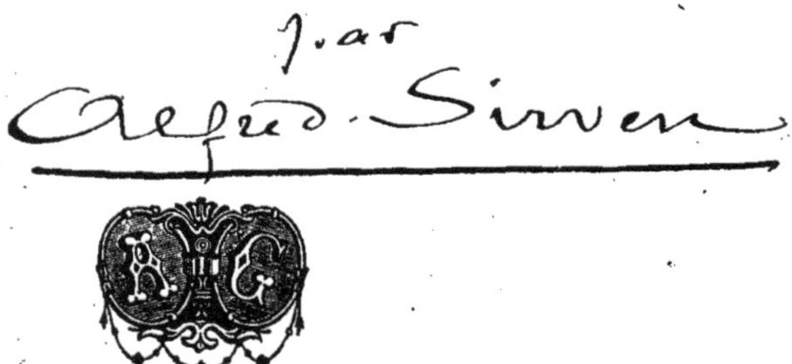

PARIS

AUGUSTE GHIO, ÉDITEUR

PALAIS-ROYAL, 28, GALERIE D'ORLÉANS

—

1876

LE CHRIST

CHAMBORD

ET

GAMBETTA

Paris. — can-Lévy, imprimeur-breveté, 61, rue de Lafayette.

LE CHRIST

CHAMBORD

ET

GAMBETTA

par Alfred Sirven

PARIS

AUGUSTE GHIO, EDITEUR

PALAIS-ROYAL, 28, GALERIE D'ORLÉANS

1876

Tous droits réservés.

LE CHRIST

CHAMBORD

ET

GAMBETTA

I

Vivre au sein d'une Société organisée ; bénéficier des avantages de cette organisation, sans se préoccuper des devoirs à remplir en échange des services reçus, ce n'est pas vivre, c'est végéter ; ce n'est plus d'un homme, c'est le fait d'un parasite.

Placer ses visées personnelles au-dessus des besoins généraux de la collectivité dont on fait partie ; mettre en contradiction des sympathies individuelles avec des obligations civiques méconnues,

c'est faire pire encore, c'est faire acte d'ennemi social.

Celui-là seul qui, tout en acceptant sa part des
bienfaits d'une association civile, n'en répudie pas
les charges, comprend l'étendue des devoirs qui lui
incombent de ce chef, et sait, aux jours des complications critiques, faire, pour le bien commun, le
sacrifice de ses affections ou de ses intérêts, celui-là
seul peut se glorifier du nom de citoyen.

Dévouement de la Société à l'individu, dévouement du citoyen à la patrie, ce n'est que réciprocité;
mais cette réciprocité oblige, et celui qui fait de ce
prêté-rendu le *criterium* de sa conduite dans ses
rapports sociaux, dût-il en venir tôt ou tard au sacrifice extrême, n'aura que le mérite de faire son
devoir. Il fera son devoir.

Parfois même le sentiment de ce devoir s'im-
pose, et devient la règle des événements. C'est ce
que nous venons de voir dans un fait tout récent,
auquel l'histoire doit une place.

Certaine assemblée délibérante, ou plutôt une
partie de cette assemblée, s'était posé un singulier
problème à résoudre :

La République étant donnée comme satisfaction légitime aux aspirations nationales, mettre en œuvre la Constitution républicaine de façon à rendre la République impossible ou au moins plus difficile.

Il y avait là un danger. C'était en politique ce qu'est en mécanique une résistance à un mouvement. Ici le mouvement était tel que la résistance devait fatalement disparaître. Dans la vie des peuples, cela s'appelle une Révolution.

Le remède est venu du mal lui-même : le péril a été conjuré par le groupe d'hommes qui personnifiait la réaction. L'histoire n'est pas prodigue de ces exemples. Des hommes qui, jusqu'alors, n'avaient eu de sympathies que pour les gouvernements d'autorité absolue et héréditaire, et avaient placé leurs espérances les plus chères dans un avenir monarchique ; ces hommes reconnaissant « *la République nécessaire* », ont su sacrifier leurs affections au bien national. Ils ont eu l'esprit assez droit pour comprendre qu'il fallait céder au mouvement, et le cœur assez honnête pour ne pas rendre le mouvement impossible.

Honneur à cette loyauté !

La République a été faite le 25 février ; les élections sénatoriales l'ont consolidée. A quoi est dû

ce double résultat si important dans ses consé-
quences ?

A l'union de l'eau et du feu.

Deux éléments opposés se trouvaient en pré-
sence. Deux rivaux s'étaient juré une guerre à
mort. Tout accord semblait impossible, et cependant la République ne pouvait s'établir qu'avec le
concours des représentants les plus autorisés du
principe héréditaire.

Néanmoins la République était une nécessité so-
ciale; toute réaction en sens inverse devenait un
péril social, un vrai « *péril social,* » pour nous servir d'un mot trop exploité à la tribune. Malgré les
efforts des habiles, la situation était claire et la
question nettement posée. Il fallait accepter sincè-
rement la République en France, ou admettre
comme une alternative inévitable l'emploi de ces
moyens terribles que la France elle-même re-
doute.

La question a été bien comprise de quelques-
uns. L'union s'est faite. Entre gens aimant franche-
ment leur pays et se préoccupant de son avenir,
l'entente était facile. Des deux côtés on s'est dit :
mieux vaut s'unir pour vivre, que se diviser pour
périr.

Cette union a été, il est vrai, qualifiée de coalition par ceux qui eussent préféré, dans l'intérêt de leurs intérêts (*hic jacet*), amener la situation aux complications extrêmes. Le pays se perdait, mais il se perdait à leur profit.

Non. Les quelques hommes de cœur qui ont vu en ceci le pays à sauver, n'avaient pas à se coaliser. Ils se sont unis. Et ils ont mieux compris, mieux prévu, abstraction faite de toute idée de patriotisme et d'abnégation, les résultats pratiques de l'avenir. Ce n'est pas déroger que de travailler pour sa descendance; et ce n'est pas trop mal servir son pays que de lui donner, sans révolution, les résultats d'une révolution.

Voilà où en sont les choses. L'union date d'hier. Que sera-t-elle demain? La réponse est dans la question même. Ce que la raison a fait, la raison le refera.

Bien plus : Si la raison a suffi à aplanir les difficultés de la veille, la sympathie et le dévouement peuvent seuls préparer un lendemain désiré.

Ce dévouement, cette sympathie, la République a-t-elle le droit de le demander à ceux qui ont été jusqu'ici ses ennemis les plus obstinés?

Que les temps sont changés, dit le poëte.

Il y a peu de mois encore le principe « *légitime* »
avait son représentant autorisé. Il avait une *raison
d'être*. Aujourd'hui le principe s'est perdu dans le
monde des souvenirs. Le représentant ne repré-
sente plus qu'honneur et loyauté. La *raison d'être*
savoure les douceurs de la vie privée; et du fond
d'un cœur convaincu, le comte de Chambord peut
répéter sans amertume le classique :

Deus nobis hæc otia fecit.

En l'état, ce n'est donc pas trop demander aux
féaux de la monarchie que de leur demander de
renoncer à des préférences qui appartiennent au
passé et seraient contraires à l'avenir.

Nous croyons parler à des gens qui aiment leur
pays, et nous leur posons ce simple raisonnement :

Le pays, c'est la République, et réciproquement.
Si vous en pouviez douter encore, je vous ren-
verrais à une autorité que vous ne sauriez mécon-
naître. Relisez l'Evangile :

La République, « la loi, c'est l'amour du pro-
« chain. »

Et c'est à propos de ce dévouement réciproque
que le maître a pu dire :

« Faites cela et vous vivrez (1). »

Or, vos sympathies étant acquises au pays qui est la République :

Ergo..... Concluez.

Et si la conclusion vous effraye, reconnaissez que vous avez peur du mot bien plus que de la chose. Oui. Tout légitimistes que vous êtes dans votre for intérieur; quelles que soient les affections que des traditions respectables vous imposent, vous ne sauriez vous refuser à mettre au-dessus et en dehors de toutes considérations, le pays, le pays tout seul.

On peut bien être de vos amis et vous dire :

« N'abdiquez pas vos sympathies personnelles,
« mais ne marchandez pas votre dévouement à la
« patrie. »

Dévouement social. Voilà le terrain commun sur lequel nous devons nous rencontrer. Dévouement au pays, voilà un devoir qui nous est commun à tous; républicains et monarchistes, nous n'avons tous qu'une même patrie, et pour la servir, nous devons tous associer nos efforts. Et la chose sera singulièrement facilitée, si, d'un mariage de

(1) *Luc.* XI. v. 26, 27, 28.

raison imposé par les circonstances, nous savons faire une union de sympathies, basée sur ce qu'on pourrrait appeler des affections raisonnées.

Le rapprochement qui vient de s'opérer n'est qu'un premier pas. Mais de ce premier pas doit résulter un progrès social, progrès immense. Une France nouvelle serait le fruit de l'union.

A la France que les Guizot ont pervertie en l'enrichissant; à cette France que deux empires avaient énervée, le premier en la ruinant, le second en l'amusant; à cette France que des gouvernements démoralisateurs forçaient à rougir d'elle-même, on verrait enfin succéder un peuple se sentant son maître, et, avec la dignité du passé, acceptant toute la responsabilité de l'avenir. Et à cet avenir on verrait travailler ensemble des hommes que le passé avait profondément divisés. L'union serait aussi sincère que l'hostilité avait été oyale. Peut-on rêver un programme plus patriotique et plus moral en même temps que cette union des républicains et des monarchistes fraternellement associés dans le grand travail des affaires publiques ?

Toutes les activités, toutes les initiatives trou
veraient leur emploi naturel dans le fonction
nement social. Le pays transformé par cette
rénovation comprendrait ce qu'il se doit à lui-
même.

Alors serait possible une nouvelle éducation
nationale, la régénération nécessaire. Et l'heure
serait venue de la vraie République, de la République forte et morale. Il n'y a que cette République
qui puisse s'appeler la République. C'est notre
République qui tient ses portes ouvertes à toutes
les aptitudes, pourvu qu'elles soient loyalement
offertes. C'est alors qu'on verrait naître et se
développer la foi civique, cette foi qui est comme
la vie des peuples, et « *hors de laquelle il n'est pas
de salut* » pour les sociétés. La France ainsi
rendue à la vie aurait retrouvé sa foi nationale.
Les peuples sont comme les individus, il leur faut
une foi pour pouvoir quelque chose. Jésus, qui
fut, en son temps, un révolutionnaire, n'a-t-il pas
dit :

« Si vous pouvez croire, tout est possible à
celui qui croit (1) ».

(1) *Marc*, IX. v. 22.

Telles sont les conditions de notre avenir.

Il faudrait être bien l'ennemi de son pays pour contester à la France la mission qu'elle doit remplir. Quel homme honnête, quel patriote digne de ce nom, oserait se refuser à préparer cet avenir, à faciliter l'accomplissement de cette mission ? L'avenir, la mission de la France sont fatalement liés à la réalisation du programme, de l'ensemble de vœux que nous venons de formuler. Qui pourrait chercher dans l'évocation du passé un obstacle à la réalisation d'un avenir nécessaire ? Ce serait chercher un prétexte pour excuser un aveuglement inexcusable.

Le rôle des rivaux de la République est autrement moral. Tout esprit sain peut comprendre que l'idée de rivalité n'implique pas l'idée d'hostilité, et qu'une libre concurrence entre deux forces réelles peut bien devenir, à un moment donné, une association vers un but commun. Ces deux forces réelles ont toujours, chacune à ses heures, personnifié l'âme de la France. Le but commun, c'est l'avenir social.

Choisissez donc, vous qui hésitez encore ;

choisissez entre l'antagonisme, la division qui ont failli si souvent donner la mort au pays, et l'union, la concorde qui doivent transformer deux forces opposées en une résultante commune, la prospérité nationale. Choisissez.

Et vous, légitimistes intransigeants, qui persistez à vouloir mourir dans les traditions qui vous ont vu naître ; vous qui redoutez d'apprendre et craindriez d'oublier ; vous les fidèles du passé, avez-vous une patrie, et votre patrie a-t-elle un avenir ?

Répondez.

Nous avons à côté de nous un peuple qui passe pour savoir faire ses affaires. Ce peuple a eu, lui aussi, ses divisions intérieures, et ses classes dirigeantes lui ont souvent rendu la vie bien dure. Aujourd'hui les classes dirigées dirigent un peu les affaires de tous. Mais si l'élément démocratique, le parti *Wig*, s'est fait sa part dans la direction gouvernementale, était-ce une raison pour que l'élément aristocratique, le parti *Tory*, abdiquât ? Non. C'eût été maladroit. Tel a été cependant le rôle de l'aristocratie française qui, sous le régime de Juillet, se drapa majestueusement dans une sorte de réserve bien voisine de la mauvaise humeur. Elle ne réussit qu'à se faire oublier. Son abdication était devenue un fait accompli . On parlait même de sa mort, lorsque des événements terribles la forcèrent à revivre. Galvanisée, elle répondit avec entrain à l'appel de la patrie en danger. Elle ressuscita pour courir aux champs de la lutte.

Et aux pieds de ces *tumuli* désolés derrière lesquels l'honneur de la France s'est barricadé, on retrouvera un jour pêle-mêle des ossements que la fraternité du sacrifice a réunis dans les étreintes de la mort. Ils pouvaient bien s'embrasser en tombant ceux qui mouraient pour leur pays.

Devant l'union de ces morts qui, ensemble, ont reçu vos larmes et vos bénédictions, vous persisteriez à rendre impossible l'union des vivants !

En même temps que l'aristocratie française revendiquait sa part du danger, elle prenait place dans la représentation du pays. Ce jour-là lui a rendu l'occasion et fourni les moyens de faire ce qu'elle n'a ni su, ni voulu faire jusqu'à présent : Entrer résolument dans le seul rôle qui lui soit possible, si elle veut rester une influence et devenir une influence utile.

Ce qu'est ce rôle, nous l'avons dit à propos de

l'Angleterre, où le parti *Tory*, acceptant la situation qui lui est faite, n'a pas voulu se désintéresser des affaires nationales et continue à défendre avec une vigilance jalouse la quote-part de gouvernement qui lui est dévolue.

Dans ce pays singulier où un ministre peut encore appeler les choses par leur nom, on sait ce que cela signifie, quand on dit du parti *Tory* qu'il est l'élément *conservateur*. On peut bien donner ce nom à un groupe politique qui a pour règle première de ne jamais toucher aux institutions.

En France, on ne craint pas de donner ce nom précisément à ceux qui ont le plus à cœur de bouleverser ce qui est établi.

Un républicain est un révolutionnaire sous le gouvernement de la République. Il est vrai que quiconque cherche à entraver le fonctionnement de la Constitution peut se dire conservateur. O logique ministérielle !

Il y a donc de ce côté quelque chose à faire. Etablir par un système d'équilibre, de pondération calculée, le vrai, le grand parti conservateur, celui qui met les institutions au-dessus de tout. Fonder enfin le parti *Tory* de France, voilà le rôle que l'enchaînement des faits offre à notre aristocratie.

Ce rôle ne suffit-il pas à son activité? Est-il trop modeste pour son ambition ?

Et pour le remplir avec un plein succès, que lui faudrait-il ? Un peu de bon vouloir. *Pax hominibus bonæ voluntatis.*

II

« *Revenons à l'Evangile* », écrivait, dès 1862, M. Alfred Sirven, dans une brochure saisie et condamnée, nous n'avons jamais su pourquoi. *Revenons à l'Evangile*, parole toujours actuelle, — aujourd'hui plus que jamais !

C'est par ce retour à la morale évangélique que doit se consolider la récente union *légitimo-républicaine*, union encore contestée.

Les causes de division entre les deux éléments de cette association mûrement discutée et réfléchie ont disparu ou doivent disparaître.

L'idée religieuse habilement liée à l'idée morale a toujours été, jusqu'ici, systématiquement opposée à l'idée républicaine. Tantôt le principe démocratique était inconciliable avec le dogme établi. Tantôt, avec la République organisée, devait fatalement disparaître la société humaine bouleversée dans ses bases les plus essentielles : la propriété, la famille, le travail, l'autorité.

Puis la fraternité humaine prêchée par la Révolution, c'était le déchaînement de tout ce que l'homme pouvait avoir de pire dans ses instincts pervers.

Il ne pouvait se trouver que des échappés du bagne pour prêcher le principe d'égalité, l'idée de liberté.

Est-ce que ces théories infernales n'étaient pas la négation même de la Religion ? de la religion qui enchaîne l'homme à la Providence, de l'Eglise qui le subordonne à l'Autorité Universelle dont elle est, d'ailleurs, l'émanation directe ?

Et bien d'autres choses encore; de ces choses qu'on ne discute pas.

Revenons à la question, et, par prudence, posons-la nettement.

République et religion ;

Évangile et démocratie ;

On n'y voyait que deux principes essentiellement hostiles, appelés à une lutte sans merci.

Ceci tuera cela.

Telle était, telle est encore la thèse favorite de quiconque a une raison de préférer le passé à l'avenir, de redouter le triomphe des idées nouvelles. Cette préférence, c'est souvent l'ignorance de l'un ou de l'autre ; la quiétude dans un désistement égoïste ; l'amour d'intérêts personnels et mesquins qui priment de beaucoup les intérêts de l'humanité.

Est-ce que les hommes existent pour un boursier qui a un report à assurer ?

— « Que pensez-vous des affaires publiques ? » demandait un jour Courier à je ne sais quel abbé.

— « Je pense ?... Je pense à ravoir mon prieuré ! Et je le raurai ! »

Terreur des idées nouvelles : c'est aussi bien la crainte d'un croyant sincère que la frayeur irréfléchie d'une de ces bonnes dévotes qui tremblent parce qu'on le leur recommande et préféreraient bien ne pas avoir à y penser.

Redoutable chose que le progrès pour celui qui fait du progrès la lutte de l'homme contre Dieu.

Pour l'aveugle qui ne veut pas voir, ou pour l'habile intéressé à croire, le progrès, c'est la Révolution en permanence, et la Religion doit être un intermédiaire entre l'homme et Dieu, les tenant à distance et faisant à chacun la part qui lui revient.

Comment voulez-vous donc que, dans ce système, révolution signifie autre chose que bouleversement, destruction, cataclysme social? Ajoutez à cela que la République n'est guère que la révolution fonctionnant.

Et voilà une chose admise, suffisamment établie, la République est l'ennemie jurée de la religion! Hasardez-vous donc à dire le contraire!

Ce n'est là cependant qu'une partie de la question.

Morale et religion ont toujours été rivées l'une à l'autre. On dirait même qu'il y a toujours eu, et partout, des hommes préoccupés de faire une institution durable d'une confusion adroitement établie.

Gens pratiques comprenant tout le bénéfice à tirer de cet *imbroglio*. La morale est acceptée partout et par tous comme une chose durable. Le dogme étant donné comme l'origine de la morale, et le *culte* comme sa sauvegarde, la religion devenait chose facile à implanter, facile à propager, j'allais dire facile à exploiter.

Et vous voudriez que cette même République, qui a travaillé, travaille et travaillera à anéantir l'idée religieuse, respectât l'idée morale?

Naïfs !

Tel est le système d'attaque de ceux qui se retranchent derrière la religion et la morale pour éloigner la République.

Quand un *propagateur de la foi* peut parler ce langage, développer ces théories dans ses *conférences*, dans ses *retraites*, dans ses *missions*, s'il se fait des adeptes, il aura créé des ennemis au principe démocratique.

Un peu de bonne foi ! Méfions-nous de la paraphrase d'un système tout fait.

Réfléchissons, rendons-nous compte ! Si nous avons une idée à étudier, un système à approfondir, revenons toujours à son expression la plus simple, à sa synthèse la plus claire. C'est là le seul moyen pour arriver à la vérité.

Méfions-nous du développement et de l'interprétation.

Confiez, par exemple, une chaire de morale

évangélique à M. Baragnon. Que deviendra l'Evangile dans ce développement?

L'Évangile, cependant, a son esprit essentiel bien déterminé. C'est chose hors de conteste.

Et qu'ont fait de l'esprit tous ceux qui ont eu la prétention d'interpréter le texte?

Tous, plus ou moins, l'ont oublié ou méconnu. Je ne parle pas de ceux qui l'ont systématiquement dénaturé.

Les meilleurs interprètes ont toujours été ceux qui se préoccupaient surtout de rapprocher le texte de la formule primitive, pour y retrouver un esprit plus authentique.

Ceux-là ne cherchaient pas à faire un Évangile. — Ils cherchaient à *revenir* à l'*Evangile*.

Comme eux, revenons à l'Évangile.

Supposons-le dégagé de tout ce qui lui est étranger, réduit à sa quintessence; et l'acceptant comme la formule la plus autorisée de la morale, cherchons-y l'esprit du maître.

Quand Jésus disait aux hommes : « Vous êtes des frères, » il pouvait bien passer pour un révolutionnaire, ou même pour un socialiste quand il disait à ses apôtres : « Je veux faire de vous des pêcheurs d'hommes. »

Et ce républicain osait dire : « Il est permis de faire du bien, même le jour du sabbat (1). »

Il n'aimait guère les Scribes et les Pharisiens, gens qui se fussent appelés conservateurs aujourd'hui. « Ils sont sur la chaire de Moïse, disait Jésus, faites ce qu'ils vous disent, mais ne faites pas ce qu'ils font (2). »

Ne dirait-on pas qu'il a voulu spécialement définir et résumer les obligations d'un chef de République dans ces mots : « Quiconque voudra être le premier d'entre vous, doit être le serviteur de tous (3). »

Et encore, il pouvait bien se faire le prophète de l'indépendance humaine, et se donner mission de prêcher la liberté, celui qui a dit en ces temps de servitude :

« Les rois des nations les traitent avec empire, et ceux qui ont l'autorité sur elles en sont appelés les bienfaiteurs.

« Qu'il n'en soit pas de même chez vous; mais que celui qui est le plus grand parmi vous de-

(1) *Saint-Mathieu*, xii.
(2) *Saint-Mathieu*, xiii.
(3) *Saint-Marc*, 44.

vienne comme le plus petit, et celui qui gouverne comme celui qui sert (1). »

Où trouver un esprit plus démocratique ?

Et ces derniers mots ne sont-ils pas la définition la plus exacte d'une organisation républicaine ?

Et vous voudriez nous séparer, nous, républicains, de ce livre que vous prétendez revendiquer ?

Non. Revenez à l'Évangile tel que le Christ le prêcha dans sa propagande populaire.

Revenez à l'Evangile avec la sincérité de ceux qui savent n'y voir que ce qu'il renferme.

Revenez à l'Évangile, à cette profession de foi d'un charpentier qui passa sa vie à émanciper ses semblables et sut mourir pour un principe.

Revenez à l'Évangile. Et si, pour le bonheur de notre patrie commune, un retour sincère à la vraie morale évangélique pouvait ainsi s'opérer, quelle raison vous resterait-il de vous refuser à une union fraternelle ?

L'Évangile, c'est la voix de Dieu.

La voix du peuple, c'est aussi la voix de Dieu.

(1) *Saint-Luc*, xii, 25, 26.

Sachons comprendre ce rapprochement ; et le livre du Christ à la main , que M. Gambetta, l'illustre représentant de la République française, et M. le comte de Chambord, le loyal champion de la légitimité, travaillent ensemble au bonheur du peuple, à la régénération de notre chère et malheureuse France.

Vox populi ! Vox Dei !

Tel est le vœu d'un homme qui, dans son cœur, ne peut séparer la France de la République ; tel est le *desideratum* d'un écrivain convaincu que, seule, la République, par ses institutions viriles, par sa *foi* robuste, peut endiguer le flot montant de la décadence et lui crier : Tu n'iras pas plus loin !

République ! voilà le salut, voilà le port.

Ils ont beau faire, ceux que l'aveuglement ou le crime déchaînent contre toi, ô Liberté, nous tous, fils de la Révolution qui, au milieu des défaillances morales et des compromissions honteuses, avons su conserver intactes les vertus mâles de nos pères, nous te ferons un rempart de nos corps, car il ne faut pas qu'ils t'étouffent cette fois.

Toi morte, c'en est fait de la France.

Et la France ne peut disparaître sans avoir rempli sa mission, qui est de démocratiser le monde!

Paris, 31 janvier 1876.

Paris. — Alcan-Lévy, imprimeur-breveté, 61, rue de Lafayette.

9 782013 653732